JN438091

바람 한 줌

바람 한 줌

최 경 식 제4시집

도서출판 청옥문학사

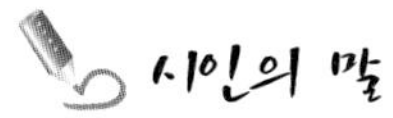

시인의 말

'어둠이 짙은 밤' 창가에 앉아 하루의 시간을 돌아보며 메모된 것을 기록하는 시간은 여백의 시간이다.

창문으로 스며드는 바람이 머물지 않는 것처럼, 세월도 멈추지 않고 지나가는 것이다. 사는 것이 무엇인가?

'잘 사는 것은' 보람을 만들며 즐겁게 한세상 살고 떠나는 것이다.

시를 쓰다 보니 사물을 볼 때 습관적으로 깊게 보게 되며 기록한 것을 옮겨 생명을 불어넣는 것이다.

그동안 산행과 문학기행으로 서정시 모아 둔 것으로 이번에는 네 번째 시집으로 소장하기 좋은 조금 작은 시집을 만들게 되었다.

특히, 한국예술인복지재단, 예술인창작디딤돌1차(시범) 사업 지원금으로 제작하게 되어 기쁨이 더욱 크다.

이번 시집을 위해 짧은 시평을 해 주신 김천혜 평론가, 문학박사님, 임종성 시인, 문학박사님, 박선옥 시인, 수필가님, 이석락 시인님 작은 시집을 권장하신 차달숙 시인, 수필가님께 깊은 감사를 드리며 이 책을 위해 수고하신 분께도 감사를 드린다.

2013년 10월 30일

한국청옥문학사무실에서 청록 최 경 식 올림

차 례

제 1 부 가을 단풍

· 가을 단풍 13
· 가을에 동행 14
· 가정 15
· 간절곶 카페에서 16
· 간절곶에서 17
· 강변에서 18
· 겨울 19
· 고단봉 산행 20
· 그대 그리운 하루 22
· 그대 그리워 23
· 그대 만나는 시간 24
· 그대 향한 사랑 25
· 그대들의 만남 26
· 그대와 나는 27
· 그리운 소리 28

제 2 부 그리움

· 그리움 ································ 31
· 그림을 그려라 ···················· 32
· 금련산에서 ·························· 33
· 금일도 휴가 ························ 34
· 금정산을 오르며 ·················· 35
· 기다리며 ····························· 36
· 기다림 ································ 37
· 길천 초등 총 동창회 ··········· 38
· 노을빛에 인연 ···················· 40
· 녹지원 ································ 41
· 단오절 ································ 42
· 독도 ··································· 43
· 디지털 사랑 ························ 44

제 3 부 바람 한 줌

· 떠나간 그대 ························ 47
· 만남 ································· 48
· 말레지아 공연 ······················ 49
· 바람 한 줌 ·························· 50
· 바람 한 줌2 ························ 51
· 붙잡는 향기 ························ 52
· 보고 싶다 ·························· 53
· 봄의 향기 ·························· 54
· 블루베리 만나며 ···················· 55
· 사월의 사랑 ························ 56
· 삶에는 ······························ 57
· 삶의 마음 ·························· 58
· 세월에 앉은 사랑··················· 59
· 수승대에서·························· 60
· 녹지원 [시조] ······················ 61
· 백양산 [시조] ······················ 62

제 4 부 여행

· 안동 하회 마을 ···················· 65
· 여행 ···································· 66
· 엿가위 ································ 67
· 오륜대 올레길 ···················· 68
· 오월의 마음 ······················· 70
· 욕지도 휴가 날 ··················· 71
· 우포늪 손짓 ······················· 72
· 윤슬길2 ···························· 73
· 인생은 여행이다 ················· 74
· 자목련 ······························ 76
· 주남저수지 매력 ················· 77

제 5 부 차 밭

· 차밭 81
· 참맛 82
· 기다리는 초파일 83
· 추억의 비닐우산 84
· 축제 85
· 친구 86
· 풀잎 87
· 한가위 88
· 해안 길에서 89
· 허브 랜드 90
· 허브 정원 91
· 홍 빛 92
· 화회 마을 93

시 평

제 1 부

가을단풍

가을 단풍

가을은 햇살을 당겨서
변색하는 무지개
성급한 단풍은 미리 옷을 입고
바람이 불면 비행을 한다

비가 오면 미소를 짓다가
젖은 옷으로 구름을 밀어내고
햇볕으로 말리면서 미소를 짓고

세월에 순응하는 그대는
계곡을 지키면서
아름다움과 풍요로움을 준다

풍경을 벗 삼아 바람을 불러
노래를 부르며
계절을 넘어간다.

가을에 동행

단풍이 곱게 옷을 갈아입는 가을엔
동행해 주는 인연이 그리워진다

너울 파도가 밀려오는 고즈넉한 카페에 앉아
창살에 걸려 하늘거리며
향기를 보내는 코스모스를 보니
늘 옆에서 고운 마음으로
정을 주는 사람이 기다려진다

은은히 스며드는
아메리카 커피 향기에 녹아
오랫동안 마주할 수 있는
그런 사람이 그립다

노을빛에 물든 갈대꽃의 아름다움보다
마음이 고운 사람과
깊은 가을밤에 젖어 보고 싶다

기쁠 때나 슬플 때 꽃을 전하는 마음처럼
오늘은 국화꽃 같은 그대의 고운
향기에 젖고 싶다.

가정

삶의 둥지는 가정이다
내 노력으로 따스한 마음을 여는 곳으로
오손도손 함께 어울리며
살아가는 정을 만들어
사회에 일꾼을 만드는 곳으로
가정은 인성교육이 일 번이다

요즘 다문화로 변해가는 시대에
가정의 중요성을 알려주어
참된 일꾼의 마음도
어머니가 제일 앞서는
교육을 해야 된다

각박한 시대에
사회에 배려하는 마음을 만들어서
내 사랑하는 자식부터
먼저 사회에 봉사하는 일꾼으로
성장시켜야 된다.

간절곶 카페에서

음악이 울리는 카페에 앉아
먼 수평선을 바라보니
갯바람에 밀려오는 너울 파도
기다리는 암초를 만나면
철썩이며 반가움 표시한다

환한 웃음 띄운 햇살
수면위에 너울거리고
바다새의 곡예 하는 모습을 보며
그대와 내 마음의 풍경이
물결처럼 출렁거린다

들꽃 향기에 찾아오는 호랑나비
훨훨 날아가는 꿈보다 완벽한 풍경
햇살 받아 반짝거리는 은모래를 보며
사랑에 젖어 촉촉한 입술로 찻잔을 녹인다.

간절곶에서

그대와 하루
숨겨둔 소리를 듣는
행복을 주는 바다

세월을 기다리는 빈 의자는
사랑을 만들어 주며
애절한 사연을 전하는 간절곶
사랑이 싹튼다

참 인연은 세월이 지나야
만나지는 것같이
삶의 여유를 만드는 하루는
사랑이 쌓인다.

강변에서

펄럭이는 수많은 깃발처럼
은백색 광채는 너울거리며 손짓하여
그대 마음을 빼앗고 있다

억새꽃 옆에 앉아보니
억새꽃에 달린 하늘은 간들바람에 흔들리고
그대 마음엔 두근거리는 소리가 난다

석양빛에 반사되는 억새밭
고운 그대 마음같이 아름답고
흔들리는 소리는 즐거움을 준다

산그늘 아래 손을 꼭 잡고
추억의 숲에 빠져버리는 여기
다솜을 쌓으며 행복에 젖는다.

*다솜: 사랑

겨울

나무는 겨울이 오면 옷을 벗고
동면을 하고
새싹은 대지에 숨어서
꿈틀거리며
새봄을 기다린다

넓은 청 빛 바다는
반짝이며 쉬지 않고
갯바람 따라
하얀 포말을 만들어
철썩철썩

세찬 바람이 불어오니
갯바위에도
살얼음을 깔고 있는
겨울 바다 바라보며
추억에 젖어본다.

고당봉 산행

참꽃이 웃는 금정산 풀빛
얼룩한 초록 들판에 산 그림자
계곡 물빛으로 토해내는 소리

드디어 산행은 시작되고
꼬불꼬불한 돌계단을 지나 한참 오르니
숨이 가빠지고 이마에 땀방울이 맺혀 흐르니
실바람이 불어와 이마를 짚는다

산 빛 유혹에 기분이 좋아지고
흐르는 물소리에 쉬면서
초콜릿사탕하나로 기쁨을 만든다

담소를 하며 웅성거리다
산행을 시작하니
귀전에 꽃망울 터뜨리는 소리가
재촉을 한다

북문에 올라 기념 촬영하고
가파른 언덕을 올라
고당봉姑堂峰 정상에서 심호흡을 하며

사방을 돌아보니
애기 순이 회심의 미소를 짓는다

여유를 만들고 하산하는 경쾌함은
소나무 끝에 매달려
추억으로 영근다.

그대 그리운 하루

새벽 여명에서 시작하여
온 바다를 일출로
붉게 물들이며 하루를 열리고
온 산에 초록 빛깔은
싱그러움을 준다

옹기종기 모인 들꽃이
저마다 꽃잎을 펼쳐
윤기를 자르르 흘리며

그대 그리운 마음에
살포시 미소를 주어
꽃향기로 위로받고

그대 가슴에 빨간
꽃망울을 터트려
사랑을 심으며

붉은 노을빛에 물든
고즈넉한 풍경이 있는 카페에서
그대를 만나서
커피 한 잔을 나누고 싶다.

그대 그리워

이른 새벽 간절곶에 가니
햇귀로 물들이는 찬란한 천년의 빛은
가슴이 벅차다

그대 그리운 마음에
살포시 미소를 주는 들꽃의 행렬
꽃잎을 펼치며 윤기를 흘리네

그대가 있어도 그리운 마음이
내안에 차지하고 있어
노란빛 꽃망울 토해내는 소리가 난다

황금물결 노을빛에 물든
고즈넉한 풍경이 있는 카페에서
뭉클함이 차오르는 그대와

아메리카노 커피 잔 속에
너의 젖은 입술을 녹이며
추억에 젖어든다.

그대 만나는 시간

그대를 만나는 시간은 소중하다
일과 중에 보고픈 충동이 생기면
시간을 비워서
그대 있는 방향으로 가고 있다

이 세상 아픔과 힘이 들 때도
삶에 기쁨을 만드는 것은
그대 만나려 가는 시간 이다

마주보며 미소를 짓고 추억을 만들며
손을 꼭 잡고 영화를 보는 시간은
사랑을 쌓는 가장 행복한 시간이다

새로운 세상에 갈 때까지
그대와 사랑을 만드는 시간은
바로 이시간이다.

그대 향한 사랑

가슴 저린 사랑 오늘은 설렘을 주네
그리워서 먼 산을 바라보니
산 빛이 웃는다

싱그러움을 주는 변하지 않는 청솔처럼
세월에 만난 그대는
내 마음에 꽉 찬 감동 주는 사랑
백송이 장미보다 반가운 눈빛
즐거움 주는 미소

언제나 잔잔하게 밀려오는
뭉친 바람 속에 사랑은 촉촉하다
이슬 삼킨 빨간 꽃잎 사랑
햇살을 한 장씩 접으며
그대와 나 가슴 한쪽에 젖어
눈을 감는다.

그대들의 만남

반짝이는 쪽빛 바다 광채를
타고 온 그대들
초롱초롱한 눈빛 조명하는
그대들의 장미와 국화의 만남으로
달콤함을 느낀다

미소가 뭉쳐서 꽃을 피우고
제각기 가진 색깔을 보이며
생기가 넘치는 꽃으로
산 능선에 심어 아름다움으로
기쁨을 얻게 하며

그대들의 한마디 한마디의 향기를
접어서 주머니에 넣고
이별의 아쉬움을 가슴에 담으며
오늘 만남을 삶 속에 행복을 향기로
가슴에 저장하며

그리움이 올 때는
한 장씩 꺼내어 향기를 맡으며
또 그대들의 만남을 기다려본다.

그대와 나는

현생의 인연 중에
아름다운 인연으로 만난 것은
그대와 필연으로
달빛처럼 순수함을
감추려 하지 않는 모습입니다

보름달 같은
환한 감동을 주는 그대는
꽃향기보다 진한 감동의 향기입니다

향기 나는 그대가 그리울 때는
스치는 바람과 손잡고
세상을 손 놓아 타인이 될 때까지
미소와 악수하며 가슴엔 언제나
아지랑이처럼 사랑으로 피어납니다

남모르게 하나씩
희망의 씨를 묻어 싹을 피우며
열매를 맺는 보람으로
늘 바라보는 그대가 있기에

하늘이 부르는 그날까지
외로울 때는
꿈속에서 만나는 행복으로
그대와 손을 잡고 가렵니다.

그리운 소리

목 와불 부처님 만나고 오면서
처마 끝에서 딸랑거리는
풍경 소리 담아 온다

내 마음 복잡하고 안정이 안 되면
딸랑딸랑 소리 들으며
잡념을 내리고
새 마음 얻으려고

정좌하고 한참 기도하면
멀리서 불어오는 숨은 향기가
마음에 살포시 들어오면
마음이 편안해진다

문뜩 보고픈 그대가 그리워지면
나도 모르게 짐을 챙기며
숲 속에서 들려오는
풍경 소리 따라나선다.

제 2 부

그 리 움

그리움

그대가 그리워지면
비 온 뒤 부르지 않아도 뜨는 무지개처럼
저 먼 곳에서 미소를 짓고

붙잡지 않아도
내 가슴에서 떠나지 못하는
그대가 보고 싶다

딱 한번 스친 그대향기는
오랫동안 나를 기쁘게 하며
낭랑한 목소리는 내 귓전에 맴돈다

만나면 헤어져야하는 아픔
이별은 새로운 만남을 의미하는지
그대향기를 쫓아다니며
만남을 기다리며 아픔의 세월을 먹고
다시 만나진다면 다솜으로 묶어
떠나지 못하게 하련다.

그림을 그려라

좋은 그림을 하나를 그려서
즐거움으로 기억하도록
소중하게 보관 하고픈
그림을 그려라

마음에 그리움을 만들어
삶의 에너지로 그려서
즐거움으로 보관하고
생에 보람으로
나만의 그림을 그려라

세월이 가면
모든 것이 사라져도
그림은 남아서 길손에게
잠시 행복을 줄 것이다.

금련산에서

어둠이 눌린 바다
서서히 퇴색되어
용명溶明하니
움트는 햇살
희망으로 변화시키는
원천의 에너지

앵두보다 빨간 햇살
크나큰 바다를
일순간에 물들이니
운무는 사라지고

어김없이 찾아오는
붉은 햇귀*
만물에 힘이 되는
천 년의 빛 바라보면서.

*햇귀; 해가 떠오르기 전에 나타나는 노을 같은 분위기

금일도 휴가

휴가를 준비하며
짐을 챙기는 마음엔 기쁨과 함께
배낭에 담아 메고 버스에 올랐다
들뜬 마음은 기쁨이 많아지니
기다림도 즐거워진다
배를 타고 청정해역을 돌아보며
가는 길목에 풍경사진을 찍으며
금일도를 도착했다
형제들이 모여 가는 휴가는
즐거움이 생기며 세월에 다듬어진
몽돌이 이룬 백사장에 앉아보고
청정해역의 해수욕장에 하얀 파도처럼
마음도 부풀어진다
백사장에 게들이 집을 짓는 과정에
밥알처럼 생긴 모래가 쌓여있어
게집을 파헤치며 게 잡는 재미는
시간 가는 줄 모르고 열심히 잡다보니
노을이 물들어 가는 풍경이 앞에 있어
아쉬운 시간을 마무리한다.

금정산을 오르며

푸름만 바라보는 기암
여명 속에 이슬을 바라보는 생동감
새벽을 깨우는 바람은 귓불을 스친다

우뚝 솟은 봉우리
숲이 우거진 고불고불한 산길
다람쥐 이리저리 뜀박질한다

청 빛은 저 봉우리와 손을 잡아
나란히 미소를 짓고
기쁨을 주는 청정향기

오솔길의 즐거움을 만들어 주고
고당봉이 손짓을 하자
다시 걸음을 재촉한다.

기다리며

대기실 벤치엔 기다림의 마음이 있어
단풍처럼 옷을 입고
떠남의 새로운 기쁨과 기대
휴가의 마음은 설렘

이글거리는 햇볕 아래 반짝이는
청빛 동해 은빛 백사장이 부르니
그대와 손을 잡고 시간을 먹고 있어

늘 반가워 웃음 짓는 너울 파도
변함없는 그대 마음 같은 수평선
그곳을 가기 위해
시발역은 그림자와 함께 붐비고 있어
내가 좋아하는 씨밀레*는 부전역이다.

*씨밀레: 다정한친구

기다림

우연한 만남이지만 세월 속에
숨어있는 인연으로
수억의 인파 속에 정해진 인연

그대를 만난 것은 필연으로
달빛처럼 순수함이
감추려 하지 않는 모습
보름달처럼 환한 감동으로

들꽃 향기보다 진한 향기로
가슴에 파고드는 그리움
그대가 그리워질 때는
스치는 바람과 손을 잡고
꿈속에 만나는 행복으로
시간을 기다리고 봅니다.

길천 초등 총 동창회

기다리던 그날을 위해
그 이름을 불러보는 추억이 떠오르는
사랑하는 창이 열린 어울림의 한마당
해마다 새로운 고향의 정을 부르는 동창회

모교 운동장의 한쪽
햇볕을 막아주는 플라타너스 나무그늘 아래
파란 테이블을 놓아 만든 노천카페는
플라타너스 잎이 추억의 바람을 준다

기수별로 모여 오순도순 정 나눔은
웃음소리가 나는 고향의 정이
묻혀 있는 모교
밀린 정 보고픈 마음을 풀어보는
짧은 만남의 시간은
8월의 무더위도 소멸되는 여기다

총동창회 현수막이 펄럭이는 무대에서
걸쭉한 각설이 육자베기 타령이
흥을 돋구어주니 선후배
모두가 웃음 짓는 만남의 축제가 된다

세월에 묻힌 동심의 마음으로 돌아간 짧은 시간
아쉬운 작별로 내년을 기약하며
건강을 빌고 잘 살다 내년에 꼭 보자며
다시 만날 것을 약속하며
악수를 하고 손을 흔들며
뒤돌아보는 헤어진 마음엔
또 내년이 기다려진다.

노을빛에 인연

그대를 만난 것은
전생에 인연으로
뭇 세상을 살면서
수많은 새로운 일을 만나도
모르고, 또 스치며 지나지만
마음이 움직이는
그대를 만난 것은 참 인연입니다

그대가 바라보는 눈빛은
내 가슴에 안기어 촉촉하게 젖어서
그대를 만나기 위해
숨 가쁘게 달려갑니다

숨 막히는 칠흑漆黑 같은
동굴 속에 햇살처럼
그대의 웃음소리는
영혼까지 치료하여
막혔던 가슴을
시원하게 열어 줍니다.

녹지원

햇살이 푸른 녹 빛에
앉았다 떠나는 넓은 잔디밭
사방으로 반짝거린다
약160년 된 반송
잔디밭 가운데 세월을 잡고 있는
변하지 않은 멋진 모습이다

진귀한 나무로 쌓여있는 녹지원에는
사슴이 있어 관심을 부르고
허락 받아야 볼 수 있는 정원에 사로잡혀
시간을 잃어버리며 바라본 반송
포근한 마음이 생긴다

오솔길 입구에 작은 다리아래 연못에는
비단붕어가 노닐고 있고
약 730년 세월을 버티어온
빨간 열매를 맺는 주목나무 풍광에
기다림의 아름다움에 젖었다

은은한 향기로 영원한 사랑을 주는
쌀밥 같은 하얀 꽃을 피우는
이팝나무가 있는 녹지원에 머무는 시간은
추억 속으로 간다.

단오절

풍요를 기원하며 하늘에 축문 하는 풍습
만발하는 봄꽃이 피는 계절
여인들은 창포에 머리를 감고

긴 머리를 찰랑거리며
물결처럼 출렁이는 금빛
향기가 난다

온 누리에 축원으로 하늘에 기원하며
풍요를 비는 소리는
그대들은 마음에 기쁨으로 율동하던 것

세월에 따라 쇠퇴해지는 것
그 옛날 큰물이 그리워질 때면
진달래향기가 코끝에 스며들어
추억은 꿈틀거린다.

독도

청정해역으로 싸인
조용한 바위에 앉아
구슬피 울어대는 갈매기 소리
애간장을 태우는 물살

깜박이는 등댓불은 사방으로 흔들며
사랑을 주어 외로움을 달래며
자신의 위치를 표현하고
여우별*같이 지나치는 배는 씨밀레*다

바닷새들이 소담한 쉼터를 잊지 못하고
탐심으로 노려보는 독수리 같은 섬나라
아무리 노려보아도 변치 않는 돌섬
눈만 상하는 너를 보니 안개비가 떠나지 않는다.

*여우별: 궂은 날 잠깐 떴다가 숨는 별.
*씨밀레: 친구.

디지털 사랑

밤새 애태우던 마음
디지털이 인생의 매듭을
맺게 해 주었어
아련히 그려지는 그대 얼굴
풍경을 바꾸어 놓은 하얀 눈처럼

그대와 사랑은
삶을 바꾸어 언약을 한 것처럼
전파되는 사랑
살아있는 실체를 느끼는
새로운 디지털 시대

이시간도 그리운 소리가 울리는지
폰을 바라보며 회심의 미소로
임을 기다리는 마음은 행복의 삶이다.

제 3 부

바람 한 줌

떠나간 그대

차가운 계절에 움츠리며
스치는 바람을 막으려 해도 막을 수 없어
하염없이 내리는 비는 마음을 적시며
우울하게 만들어 서글퍼지고

매마른 대지가
애타게 기다리는 비처럼
우리의 마음에 기다리는
기쁨은 무엇이 줄까

사랑하는 사람을 멀리 보내고
푸른 흔적에 몸부림치며
언제나 그 자리에 가보아도
외로움을 느끼는 바위만 있어

지난 추억의 자리에는
그대의 아름다운 마음만 꿈틀거리며
모습이 없는 동백섬
파도는 끊임없이 철썩거리는데
추억을 더듬어 보는 마음엔
쓴웃음 짓는다.

만남

삶 속에 그대를 만난 것은
생애 보람을 만드는 행복으로
늘 그리움을 만들며
만나러 가려고
준비할 때부터
가슴이 두근거리며
기쁨이 앞선다

보고파질 때
그대에게 가는 길은
황혼이 물든 아름다운 노을 쳐다보는
흐뭇한 마음
새로운 세상 갈 때까지
사랑을 나누며 못다 한 대화로
동행하며 가련다.

말레시아 공연

화려한 의상으로 미소 짓는 무용수
정통 음악 소리에
자그마한 체구로 나비처럼 사뿐거리며
손가락에서 발가락까지
따로 움직이는
춤추는 동작은 환상적이다

좌우로 흔드는 율동
웃음이 떠나지 않는 동작
대나무 줄넘기하는 정교함은
감탄을 만들어 기쁨에 젖었다

밤새 괭이잠*을 자고 찾아온 보람
여기에 있다고 느끼며
공연의 기쁨을 추억 속에 담는다.

*괭이잠: 깊이 들지 못하고깨는 잠.

바람 한 줌

스치는 바람 속에 가는 세월에
열대야 만드는 바람
불꽃같은 바람
고즈넉한 향기의 바람

필요한 바람으로
보람의 꽃을 피울 수 있도록
마음속에 우러나오는
고운 심상의 미소로
우러러볼 수 있는 인품을 만들며

머무는 삶 속에
미묘한 향기의 바람으로
온종일 그리움 만드는
그대에게 전한다면.

바람 한 줌 2

창가에 스며드는 바람
향기로 깨운 잠
다소곳한 허브
베란다에서 미소를 지으며
손짓하네

밤새 뜬눈으로 사랑을 기다렸는지
분무기로 사랑을 주네
활짝 웃는 라벤더
상큼한 향기는 창문에 기대
파르르 춤추고 있네

떠나지 못하게 붙잡은
바람 한줌
내 곁에 있네.

붙잡는 향기

창가에 스며드는 바람을 타고
향기로 잠을 깨운다
우아한 자태 속에 핀 난 꽃
햇살에 미소를 지으며
손짓한다

밤새 향기를 머물고 있다가
아침에 웃는지
상큼한 향기는 창문에 기대
파르르 춤추며 유혹을 한다

나를 붙잡은 향기 한 줌에
떠나지 못한다.

보고싶다

늘 기다려지는
임이 너무 보고 싶다
꽃피는 계절에 활짝 핀 꽃길을 만들 때
나타나 마음에 불꽃을 만든다

세상을 아름답게 하려는
메시지는 거리를 메우고
이집 저집 환한 미소를 준다

찬란한 오색 등불에 매달린 하늘
흔들거리며 마중을 하고
그리워하는 멘토를 만나기 위해
연꽃을 바라보며
그리운 임을 기다렸다.

봄의 향기

초록 들판에서 그대 만남은
닫힌 마음이 열리며
어둠을 기다리는 별처럼
손끝에 저려오는 감각

힘들 때 보고 싶어지는
그대를 생각하면
훈기가 내게로 밀려온다

보이지 않으면 그리워하며
전파를 타고 들려오는
꽃망울 터지는 소리는
기쁨이 생긴다

긴긴밤 기다려지는 그대 생각
웅크리며 숨겨온 것들은
따스한 봄에 펼치는
목련꽃 같은 그대 향기다.

블루베리 만나며

천성산 기슭 깊은 계곡
천년의 명품 소나무가 풍기는 사랑
든든함을 주는 마음
높은 고지에 친환경의
표고버섯 재배의 풍경

오랜 숲 속에 갇혀
손길이 닿지 않는 장소이기에
더욱 새로운 느낌을 주는 곳
주렁주렁 매달린 블루베리 빨간 미소
달콤함에 젖는다

오솔길에 만나는 곰달취의 향기
포근함을 주는 여기
반짝이는 엽록소 향기에
삶의 활력소가 된다.

사월의 사랑

가만히 두드리는 바람
창가에 서니 들녘에 진달래
손짓을 하네

줄지은 연분홍 물결
웃고 있는 임들
선잠 깬 냇가에 빠진
꽃들의 향연

가슴에 촉촉이 젖어드는 그리움
사랑의 장미꽃처럼
사월의 행복을 전한다.

삶에는

안 맞는 문은 소리가 크다
사는 동안 잘 되는 것보다 안 되는 것도 많다
잘 맞지 않으면
시골에 사립문처럼 삐꺽하면 요란한 소리가 울려
무심코 들어가면 놀라는 것처럼
그런 문도 살짝 들어 열면 소리는 작게 난다

삶 속에 살짝 들어 살포시 놓아 부딪치지 않고
편안하게 그저 즐겁게 된다면
모두가 바라는 것이겠지만
타고난 성품이 틀려
남에게 보이지 않는 피해를 준다면
생각해 보아야겠지

욕심을 버린다면 배려가 생기며
신의를 지킬 때 자신이 먼저 기쁨이 오고
인품이 올라갈 것이다
세상엔 언젠가 한 번은 이별이 오니
좋은 관계로 만났을 땐
변하지 않는 마음을 만들어
남은 생애를 산다면 좋은 이미지가 만들어져
잘사는 삶이라 하지 않을까?

삶의 마음

넉넉한 마음을 주는
청 빛 하늘
보름달의 환한 미소처럼
온 누리에 비추어

그늘이 있는 작은 곳까지
찾아가는 마음을 보면
삶은 성취보다
즐기며 사는 것이다

함께 사는 미덕으로
사랑을 나누어
정을 만들며 걷는 것이다.

세월에 앉은 사랑

이른 새벽 두드린 창문을 보니
흔적 없이 잠 깨운 바람이 걸어가
뒷산 언덕에 시선을 내려놓자

이파리에 앉은 연서리꽃
뽀얀 미소를 짓고
여린 풀잎을 흔드는
작은 소리에 젖었다

비 온 뒤 나타난 무지개의 다솜
꿈길 같이 깊게 숨겨놓은
인생의 게시판을 세우면
훗날 향기를 만들어 놓은 보석으로
보람의 꽃이 피겠지

삶의 바람 돌아보면
어느새 중천을 지나
서쪽엔 산국山菊 한 송이 피우고

행복의 그림자를 만드는 사랑을 주며
건들바람에 설레는 가슴 안고 뛰어가니
햇귀 하나 웃고 있다.

수승대에서

많은 세월의 그림자를 새긴
거북바위가 자리를 지키니
찾아오는 임들은 미소 짓는다

푸른 물빛은
봄의 향기를 압축하여
물 위에 아른거리고

별빛도 목욕하고 싶은
맑은 계곡에 빠진 거북바위에 글은
고운 임 부르는 풍경
주변에는 햇살 꽃이 찾아오니
아련히 떠오르는 옛 모습

먼 길을 달려온 한 조각구름은
그리움을 만들며
너럭바위에 앉아 추억에 담는다.

녹지원 (시조)

1.
햇살이 잔디밭에 앉아서 반짝이고
녹지원 가운데서 세월을 잡는 반송
진귀한 나무풍광에 사로잡힌 시간들

2.
소나무 사잇길로 올라간 언덕위에
버티는 멋진 풍광 오랜 날 지킴이로
빨아간 주목나무는 많은 세월 살았다

3.
은은한 향기 주는 영원한 사랑으로
하얀 꽃 피우면서 향기를 보내주는
새하얀 이팝나무꽃 추억 속에 담는다

백양산 (시조)

걱정한 산행날이
맑은날 보여지니

일행들 모여들어
백양산 산행길을

힘들게 올라가니
청정공기 맴도네.

제 4 부

여 행

안동 하회 마을

흙냄새 풍기는 마을
추억을 되돌리는 옛 풍경
스치는 바람과 함께 스며든다

길목마다 들꽃과 자 목련 꽃들이
인사하는 길목엔 향기가 진동하며
발목을 잡으며 날아간다

수백 년을 지켜온 팽나무고목과
큰 마을로 보존된 역사의 한 장면이
세계문화유산 등재되었다

하루를 함께한
그대들과 즐거운 시간
황금빛 노을로 서산을 넘어간다.

여행

그대와 함께 가는 행로
엄동설한 긴긴 밤도
짧게 느껴진다

눈빛으로 미소를 머금고
바람에 실어 보는 대화
차창에 걸린 풍경 속에

굴참나무 이파리처럼
싱그러운 마음은
장미의 속살 같은
부드러움에 아롱질 듯

세상사 힘들 때 별빛을 바라보며
반짝이는 눈빛에
가는 시간 잠재우며
여행길에 흔적을 남긴다.

엿가위

자유로운 엿가위 멋진 소리
박자를 맞추고 흥을 만드는 악기

오릴 수 없는 가위로
오릴 수 있는 것도 있어

오려볼 수 있는 마음은
엿가위에 있다

마음대로 춤추며 박자를 만들어도
소리가 없다면 쇠붙이로 잠들 수 있어

삶에는 제 역할을 할 때
기쁨이 생기는 것이다.

오륜대 올레길

휘날리는 바람에도 기다리는 마음
목표가 있어서 지루함이 없고
일행은 수원지 입구에서 모여 이동하려니
바람이 불어서 다리 난간을 잡고 있다

조금 걸어가니 햇살이 웃고 있고
수원지에 빠진 소나무의 새 풍경을 보며
산길을 가는 마음엔
앞서가는 그리운 사람
뒤에 오는 정겨운 임들과 아늑한 자리를 만들어
오순도순 점심을 먹었다

먹구름이 어깨를 누르는 심술
금방 어둠을 만들고
빗방울이 한두 방울 떨어지더니
금방 많은 비가 내린다
나무는 웃어도 우리는 옷이 젖으니
부산하게 비옷을 챙겨 입고
내리는 빗속을 토닥거리며 걸어가니
저 멀리 햇살이 밀고 온다

간다는 말도 없이 비는 사라지고
산행을 마치고 내려와
하산의 먼지를 떨어내고
한자리에 모여 하루의 산행을 마무리하면서
헤어지는 마음을 담아본다.

오월의 마음

우연한 만남도
세월 속에 정해진 인연

그대를 만난 것은 필연으로
달빛같이 순수함을 감추지 않는
들꽃 향기에 눈이 멀었다

좋아하는 그대도 만나야 정이 드는 것
단숨에 그리움 뛰어넘는
오월의 꽃향기 따라
그리운 만남을 기다리며

꽃바람 따라 마음의 틈을 만드는
계절을 맞이하며
젖은 입술로 찻잔을 녹인다.

욕지도 휴가 날

안개 낀 어스름한 바다 끝
하늘은 빛나고 출렁이며 밀려오는 포말
기암절벽을 찾아가고
불어오는 비바람과 함께 쏟아지는 장대비는
새로운 풍경을 만들어준다
갯바람에 새끼 섬들은
하얀 파도를 덮어쓰고
세월에 밀려오는 파도
예쁜 몽돌을 만들어 소리를 듣게 하네
시원한 해초 바람
느끼는 하루는 저물고
마음을 울적하게 하는
밤비는 주위를 감싸며
빗소리에 맞추어 흘러나오는 음악은
한마음을 만들어 주니
휴가 온 하루의 피로가
웃음으로 마무리되네.

우포늪의 손짓

멀리서 번쩍 번개처럼
나무 사이로 비치는 햇살 보고
계절 따라 움직이는 철새

광활한 늪을 맴돌고 있어
온통 알록달록 옷을 입히는
들꽃 그늘과 푸른 물빛은
철새들이 찾는다

나를 손짓하는 유혹은
개척자로 잠자는 그늘에 빛을 주어
늪에 숨어 있는 생명의 신비를
찾아보라고 부른다.

윤슬길2

희미한 안개 걷어 내려고
새로운 볼거리로 잠을 설친 가로등
문화의 맛을 준다

도란도란 정을 만드는 족욕탕에
발을 담가 즐기며
시간을 잡는다

내 마음을 빼앗는 실개천
너울거리는 반짝이는 물빛
오색영롱한 물방울 같은 조형물은
사방에 빛으로 물들인다

녹나무 흔들거리는 향기
바람에 숨어
마음을 녹여주는 숨결이다.

인생은 여행이다

툭툭 떨어지는 낙엽을 보며 걸어보면서
낙엽 한 잎을 주워 손에 얹어놓고
떠나온 나무를 바라보고
계곡에 흐르는 물줄기를 바라보며
말없이 가는 세월에 사는
자신을 돌아봅니다

고목나무도 세월에 늙어 가면서
형태가 변하는 것을 보며
인생은 늙어 가며 하고픈 일로
추억을 남기는 것은 매력이며
잠시 쉬게 하는 여유를 주는 것입니다

하얀 파도가 밀려오는 것을 바라보며
고즈넉한 카페에 앉아
아메리카 커피 한 모금을 마시며
향기에 젖는 것은
멋진 여행이며

여기저기 풍경을 보고 가슴에 담으며
기쁨을 만들어 보는 것은 아름다운 것이며
늘 인생은

새로운 만남을 동경하며
살아가는 것입니다

잊어버린 일들도 뒤돌아보면
문뜩 기억이 나는 것이며
낙엽이 변색하는 짧은 시간도 여행이며
인생은 그리워하면서 사랑하며
흔적을 남기면서 기뻐하고
한평생을 살고 떠나는 여행입니다.

자목련

이른 봄이면
그동안 접어둔 부드러운 꽃잎을
펼치면서 임을 부른다

담장에 가려 아무도 보지 않아도
향기를 툭툭 떨어뜨리며
예쁜 자태로 애절히 기다리는 자태

나무와 정겨움도 오래하지 못하고
이별하는 아픔을 생각하니
슬픈 마음이 생긴다

아침이면 햇살을 물고 웃는 자목련
붉은 미소로 기쁨과 감동을 주니
사랑이 더욱 그리워진다.

주남저수지 매력

광활한 저수지에 아른거리는
물빛을 보고
다양한 철새가 찾아오는 매력적인 곳

물 위를 빙빙 돌아다니는 재두루미
초록 융단을 배회하는 모습

간들바람에 날리는
갈대가 우거진 뚝방길
걸어가는 임들의 표정은 밝기만 하다

많은 물풀들이 미소를 짓는 저수지
물풀사이에 꼬리 치는
물고기 바라보는 기러기
눈빛은 날카롭다

노을빛에 물드는 갈대숲 앉아보니
시간을 정지시키고 싶다.

제 5 부

차 밭

차밭

차밭에 걸린 향기가 바람을 타고
비행하며 손짓한다
진해 차밭으로 찾아가는 길은
꼬불꼬불한 언덕길
푸른빛 따라 올라가니
둥글게 모여 인사를 한다

목련 속살 같은 부드러운 새순
사랑을 품고 있어
안개가 앉아있는 차밭
향기에 취하며 찻잎 따는 그대는
기쁨에 취하여 시간을 먹으며 웃는다

햇볕이 나무 사이로 밀고 오니
안개는 춤추며 날아가며 손짓을 하네
한 잎을 따서 입에 물고
차밭을 걸어가니 마음속에
차향이 가득 찬다.

참맛

내가 그대와 우연히 마주치지 않았다면
마른 가지에 꽃눈을 틔우지 못하고

지금처럼 달콤한 마음이
생기지 못했을 것이며
즐거움을 만들지 않았을 것이다

꽃술의 향기 같은
그대 마음을 모르고
솟아나는 참맛을 느끼지 못했을 것이다

우연도 정해져 있는 것이며
만남은 삶에 보람이 되어
활기찬 세월을 만들게 하는 것은
나에게 준 선물이다.

기다리는 초파일

아무도 모르게 둘만이 새긴 사랑
꽃술 같은 부드러운 마음은
옷깃에 젖고 있다

안 보면 보고 싶은 그윽한 모습
항상 나의 한쪽에 남아서
울컥울컥 생각이 난다

창살에 걸린 낮달
주마등처럼 이어지는 미소를 만나면
깊은 사색에 빠지게 된다

들꽃이 만발하는 계절에
밝혀주는 등불과 함께하는 그대는
영원한 나의임이다.

추억의 비닐우산

비 오는 날이면
우산을 챙기려고 부산하다
하얀 비닐우산을 손에 쥐면
기분이 좋다

톡톡 떨어지는 빗방울을
우산을 빙빙 돌려 사방으로
튕겨내면서 가는 등교 길을 즐겁다

하교시간은 우산을 찾아 쓰고 오는데
갑자기 돌풍과 바람으로
소나기가 쏟아져 우산이 뒤집어졌다

망가진 우산을 쥐고 투덜대며 흠뻑 비를 맞으며
우산을 질질 끌고 집에 간다

엄마는 왜 비를 맞고 왔나 물음에
불쑥 우산을 내밀면
우산 탓은 안하고 하늘만 원망하는
추억의 우산과 어머니가 그리워진다.

축제

여명으로 찾아온
보이지 않는 세상 인연들
고운 임들의 향기로
찾아오는 마음

녹 빛은
전국으로 퍼져가며
그리운 그대들을 불러들이며

향기를 따라 막힘없이
모여든 고운임들
여러 색깔의 빛으로

제각기 능력을 보이며
웃음꽃을 피우는 시간도 잠시
아쉬운 마음을 내년을 기약하며
이별의 손을 흔들며
작별을 하렵니다.

친구

연한 바람 불어오는 오솔길
마음에 꽃길을 만들어 걸어가며
피고 지는 꽃처럼 우정을 만들고

쪽문 사이로 불어오는 바람결에
꿈을 만들고 목표를 세워보며
정이 묻어나는 행동으로
진정한 친구를 만들면
저축통장과 같다

정을 쌓으며 사랑하는 마음으로
차가운 마음 떨쳐내고
따스한 손길을 잡아
꿈길 같은 숲길을

나란히 걸어가며 손을 잡는
한 몸 같은 동행자는
앞날엔 희망의 햇살이 될 것이다.

풀잎

낮은 곳을 찾는 계곡물처럼
작은 바람에도 하늘거리며
웃고 있는 너

그대의 사랑으로 흠뻑 젖을 때
행복을 느끼며
어두운 곳에 달빛이 찾아와
환하게 만들 때 희망처럼
세상의 삶이 고달프고 괴로울 때
흘리는 눈물

자국이 없도록 닦으며
아픔의 시간도 지나가면
햇살이 찾아오는 기쁨은 행복으로
웃는 그대는
풀잎의 마음이다.

한가위

삶이 바빠서 내일에 집중하다가
잠시 시간의 여유를 주는 추석
그동안 만나지 못하고
가끔 연락을 한 친척을
만나는 시간은 마음이 부풀어진다

뜸한 친구에게 안부의 문자 사진을 보내면
반가운 문자가 온다
참으로 좋은 세상이 되었다
디지털시대에 사는 지금은
인정이 매말라가는 것을 막아야한다

인정 인심을 만드는 고향의 아침을 위해
먼 거리도 달려가는 것이 바로
부모님과 형제, 친척을 만나
쌓인 정을 푸는 것이다

보름달을 바라보며
그동안 뜸한 정을 활짝 펼치는
한가위가 되었으면 한다.

해안 길에서

계절의 미를 느끼며 가는 길
해초냄새 풍기는 바다

저 멀리서 밀려오는 하얀 포말
사랑이 뭉쳐오는 것

기다리는 암석에 주는 사랑은
축복의 소리

그대와 함께 바라보는 수평선
미래가 열리는 기쁨은

해풍을 타고
나의 가슴에 스며든다.

허브 랜드

실바람 따라 금잔화 꽃 피는 소리
허브 향기가 줄치는 연옥빛의 환희
여기저기 알록달록한 독특한 향기는
마음을 열어주며
기쁨이 솟아나는 참맛을 알게 하는 여기

우연히 찾아 나서는 것이
만나지는 행복이 되어서
보랏빛 라벤더의 그윽한 향기에 젖어
시간을 잊어버리고
양귀비의 주홍빛 속살의 향기에
사랑이 생긴다

레몬제라늄의 진분홍이 너울대는 꽃향기처럼
많은 허브나무는 햇볕 투영에
반짝이는 미소를 짓고
내 몸에 좋은 향기로 무장시키는 허브향기
그대를 불러 사랑을 전하는
활기찬 세월을 만들어 주는 선물이다.

허브 정원

피고 지는 꽃향기를
만나는 환희
영롱한 빛깔 속에
허브의 따스함을
눈으로 새겨 넣고

햇빛 투영에
반짝이는 녹 빛으로 무장하고
양귀비 주홍빛 부드러운 속살의 향기는
그대들과 사랑이 생기며

정원에 앉아 로즈마리 사랑의 향기와
라벤더의 그윽함을 주는
만남의 장소는
추억이 만들어진다.

홍 빛

이른 새벽 여명에서 서서히
피어오르는 햇귀
온 누리를 붉게 물들이며
새로운 시작의 빛을 만든다

출렁이는 푸른 바다 위에
하늘거리며 밀려오는
붉은 포말은 사색을 부르고

이슬 삼킨 야생 꽃들은
햇빛 받아 고운 빛깔로
반짝이는 꽃과 대화를 하니
미묘한 향기가
그대 가슴에 뭉클함을 만든다

인연 되어 만난
그대들과 함께
인생의 게시판을 세워

향기 나는 보석으로
보람의 흔적을 만들어
젖은 입술로 찻잔을 데우며
함께 추억 속으로 수장하리.

하회 마을

흙냄새 풍기는 마을
추억을 되돌리는 옛 풍경
스치는 바람과 함께 스며든다

길목마다 들꽃과 자목련 꽃들이
인사하는 길목엔 향기가 진동하며
발목을 잡으며 날아간다

수백 년을 지켜온 팽나무 고목과
큰 마을로 보존된 역사의 한 장면이
세계유산 등재 되었다

하루를 함께한
그대들과 즐거운 시간
황금빛 노을로 서산을 넘어간다.

시 평

시인은 항상 임을 그리워한다. 사랑을 통해 바라보는 세상은 꽃과 같이 아름답다. 사랑하는 임은 또한 마음속에 불꽃을 만들어 주는 존재이기 때문에 시인은 연꽃을 보며 임을 기다린다. 또한 시인은 흘러가는 세월 속에서 아름다운 인간관계를 추구하며 삶의 신비를 캐려한다. 그리하여 바람 속에서도 우정을 느끼고 벗을 생각한다. 이런 시인의 마음이 시 속에서 아름답게 빛을 발하고 있는 것이다.

– 문학평론가. 부산대 명예교수 김천혜–

이 시집을 읽고 있으면 가슴이 뜨거워진다. 시가 안겨주는 향기가 깊이 전염되어 있기 때문이다. 시 속에서 숨쉬는 화자는 시가 아름다움과 진실, 사랑이라고 믿는 종족이다. 절실하고 질박한 감성이 담뿍 잠적한 행간에 사랑한, 사랑하고, 사랑할 세상의 생명들에 대한 부단한 외경과 헌사가 깃들어 있다.

– 시인, 문학박사 임종성–

4번째 시집 상재 축하드리며, 바람을 세상의 모든 이치에 접목 시킨 만휘군상萬彙群象이고 새옹지마塞翁之馬이다. 아름다운 향기와 보석으로 피어나는 시인의 마음은 순수하고 아름답다. 낙양지가 落陽祇價, 시집이 널리 세상에 두루 퍼져 애독되기를 바란다.

– 시인, 수필가 박선옥 –

불평이나 방관이라는 투쟁으로는 불편함이나 좌절이 개선되지 않는다. 최경식 회장님의 시는 이 반갑지 않게 끼어드는 불편과 좌절이란 손님을 따뜻하게 맞이한다. 불편과 좌절이 내 손가락이나 내 발가락의 천생적天生的인 부족함이듯 이를 내치지 않고 동행하려 한다. 불평과 좌절을 껴안는 것이 밀어내는 것보다는 훨씬 좋은 투쟁이 된다. 어려움을 발판으로 보고 실패를 교훈으로 보는 긍정적인 마음이 어려울 때도 스스로의 마음을 다독여준다. 최악의 상태에서도 빛을 찾아내는 능력이 있다. 이와 같이 대인관계에서도 반대자들의 뜻에 동화되지는 않으면서도 생각의 차이를 포용하고 긍정하는 능력이 큰 인격이라 생각한다.

– 시인 이석락–

바람 한 줌

최 경 식 詩人 제4집

인쇄일_ 2013년 10월 28일
발행일_ 2013년 10월 31일

지은이_ 최 경 식
펴낸이_ 최 경 식
펴낸곳_ 도서출판 청옥문학사
기획처_ 문화마을

등록번호_ 제10-11-05호
E-mail:_ kyu500@hanmail.net

ISBN 978-89-97805-11-2
값_ 7,000원

※한국예술인복지재단 2013년 예술인창작디딤돌1차[시범]사업
지원금 일부로 제작되었습니다.